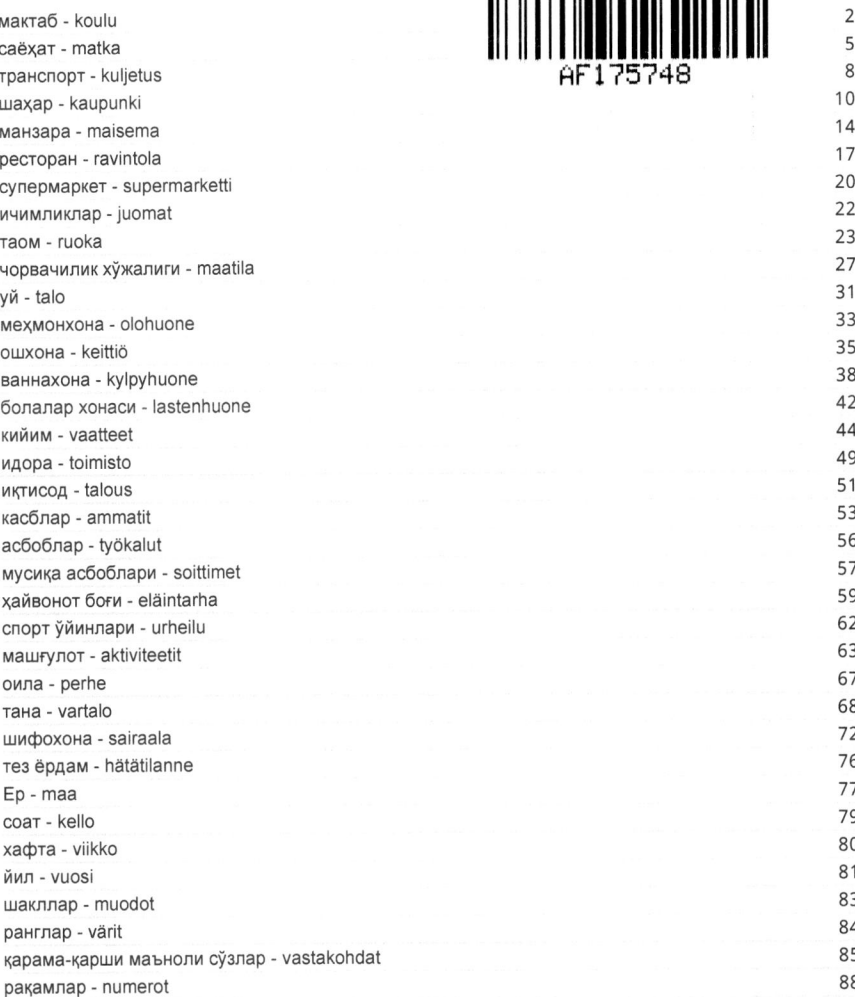

мактаб - koulu	2
саёҳат - matka	5
транспорт - kuljetus	8
шаҳар - kaupunki	10
манзара - maisema	14
ресторан - ravintola	17
супермаркет - supermarketti	20
ичимликлар - juomat	22
таом - ruoka	23
чорвачилик хўжалиги - maatila	27
уй - talo	31
меҳмонхона - olohuone	33
ошхона - keittiö	35
ваннахона - kylpyhuone	38
болалар хонаси - lastenhuone	42
кийим - vaatteet	44
идора - toimisto	49
иқтисод - talous	51
касблар - ammatit	53
асбоблар - työkalut	56
мусиқа асбоблари - soittimet	57
ҳайвонот боғи - eläintarha	59
спорт ўйинлари - urheilu	62
машғулот - aktiviteetit	63
оила - perhe	67
тана - vartalo	68
шифохона - sairaala	72
тез ёрдам - hätätilanne	76
Ер - maa	77
соат - kello	79
хафта - viikko	80
йил - vuosi	81
шакллар - muodot	83
ранглар - värit	84
қарама-қарши маъноли сўзлар - vastakohdat	85
рақамлар - numerot	88
тиллар - kielet	90
ким / нима / қандай - kuka / mitä / miten	91
қаерда - missä	92

Impressum
Verlag: BABADADA GmbH, Nedderfeld 112 , 22529 Hamburg
Geschäftsführer / Verlagsleitung: Harald Hof
Druck: Books on Demand GmbH, In de Tarpen 42, 22848 Norderstedt

Imprint
Publisher: BABADADA GmbH, Nedderfeld 112 , 22529 Hamburg, Germany
Managing Director / Publishing direction: Harald Hof
Print: Books on Demand GmbH, In de Tarpen 42, 22848 Norderstedt

мактаб

koulu

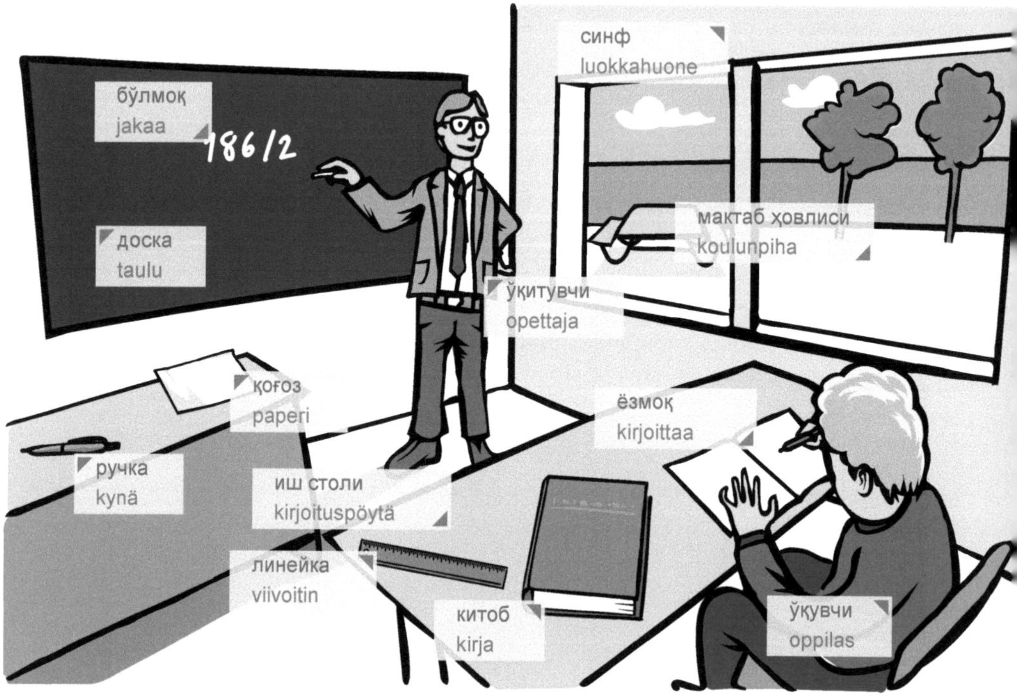

синф
luokkahuone
бўлмоқ
jakaa
186/2
доска
taulu
мактаб ҳовлиси
koulunpiha
ўқитувчи
opettaja
қоғоз
paperi
ёзмоқ
kirjoittaa
ручка
kynä
иш столи
kirjoituspöytä
линейка
viivoitin
китоб
kirja
ўқувчи
oppilas

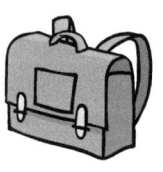

осма сумка

reppu

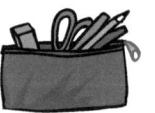

қаламдон

penaali

қалам

lyijykynä

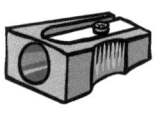

қалам учлагич

kynänteroitin

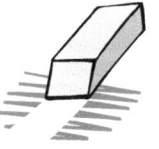

ўчиргич

pyyhekumi

расм албоми

piirustuslehtiö

чизмачилик

piirustus

бўёқ чўтка

pensseli

бўёқдон

vesivärit

қайчи

sakset

елим

liima

машғулот дафтари

harjoituskirja

уй иши

kotitehtävä

рақам

luku

қўшмоқ

lisätä

айирмоқ

vähentää

кўпайтирмоқ

kertoa

ҳисобламоқ

laskea

хат

kirjain

алифбо

aakkoset

сўз

sana

матн

teksti

ўқимоқ

lukea

бўр

liitu

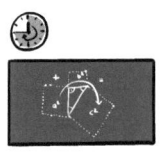

дарс

oppitunti

журнал

opettajan muistikirja

имтиҳон

koe

гувоҳнома

todistus

мактаб формаси

koulupuku

таълим

koulutus

қомус

sanakirja

олийгоҳ

yliopisto

микроскоп

mikroskooppi

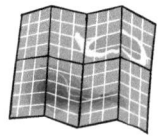

харита

kartta

урна

roskakori

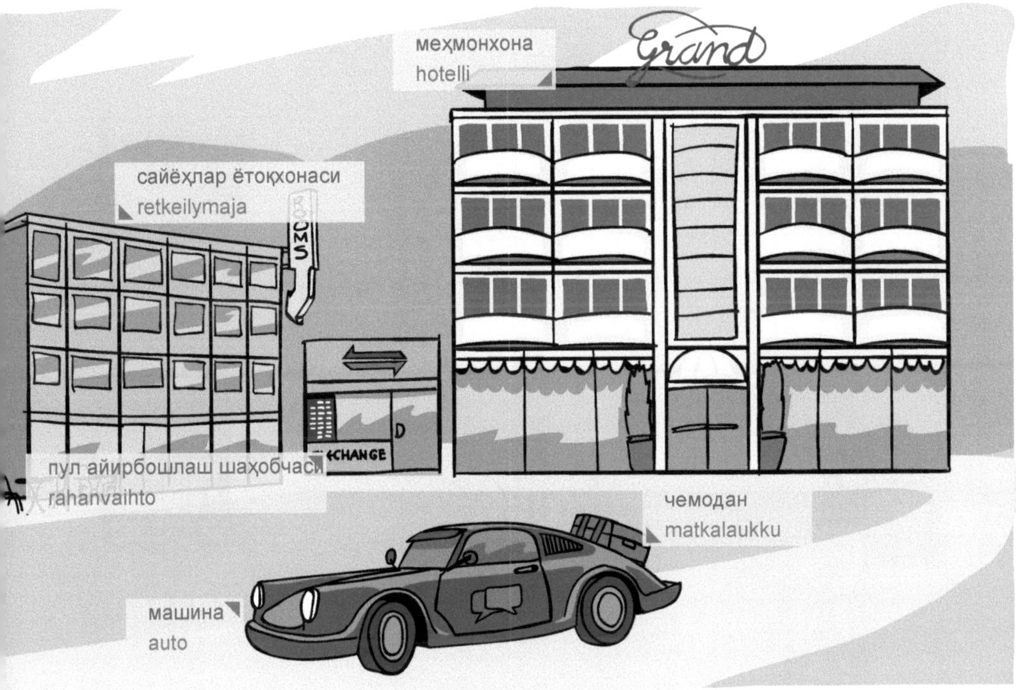

меҳмонхона
hotelli
Grand
сайёҳлар ётоқхонаси
retkeilymaja
ROOMS
EXCHANGE
пул айирбошлаш шаҳобчаси
rahanvaihto
чемодан
matkalaukku
машина
auto

тил
kieli

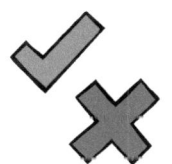

ҳа / йўқ
kyllä / ei

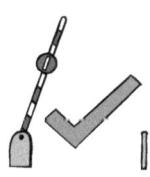

Хўп
selvä

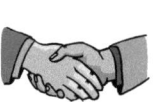

салом
hei

таржимон
tulkki

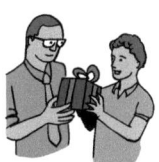

Раҳмат
kiitos

неча пул...?

Paljonko...maksaa?

Тушунмадим

en ymmärrä

муаммо

ongelma

Хайрли кеч!

Hyvää iltaa!

Хайрли тонг!

Hyvää huomenta!

Хайрли тун!

Hyvää yötä!

кўришгунча

näkemiin

йўналиш

suunta

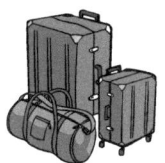

йўловчи юки

matkatavarat

сафархалта

laukku

юк халта

reppu

меҳмон

vieras

хона

huone

уйқуқоп

makuupussi

чодир

teltta

саёҳларга маълумот
бериш столи
....
turisti-info

пляж
....
ranta

омонат карта
....
luottokortti

нонушта
....
aamupala

нонушта
....
lounas

кечки овқат
....
päivällinen

чипта
....
matkalippu

лифт
....
hissi

марка
....
postimerkki

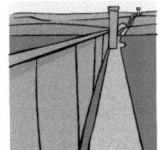

чегара
....
raja

божхона
....
tulli

элчихона
....
suurlähetystö

виза
....
viisumi

паспорт
....
passi

саёҳат - matka

транспорт
kuljetus

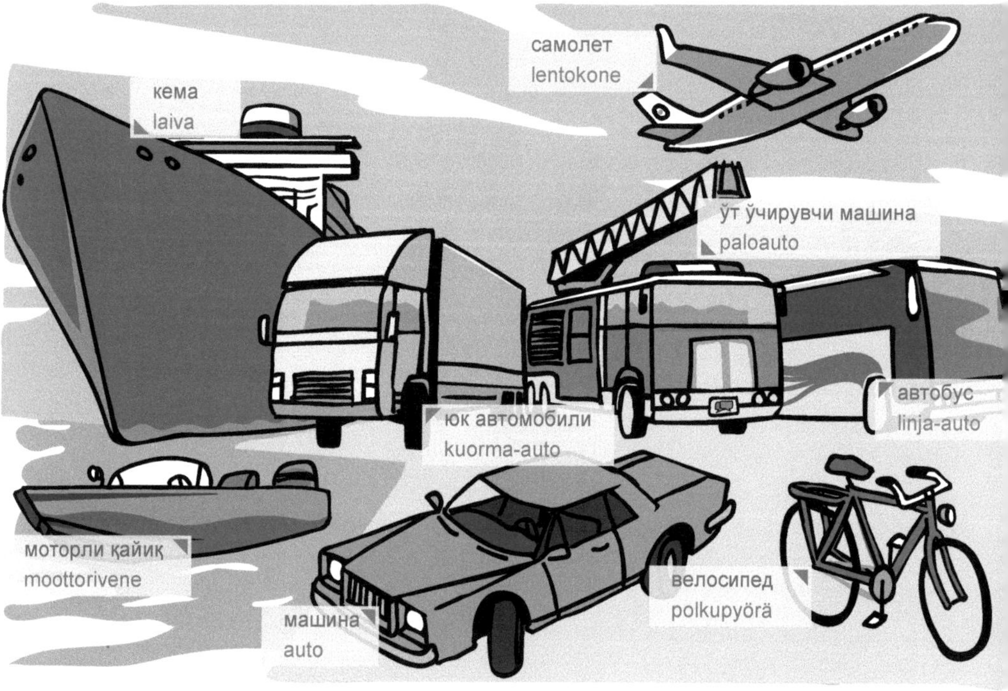
самолет
lentokone
кема
laiva
ўт ўчирувчи машина
paloauto
автобус
linja-auto
юк автомобили
kuorma-auto
моторли қайиқ
moottorivene
велосипед
polkupyörä
машина
auto

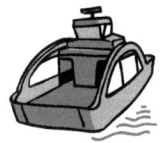

солсимон ясси кема

lautta

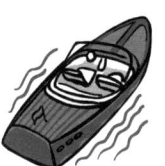

қайиқ

vene

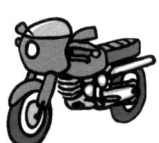

мотоцикл

moottoripyörä

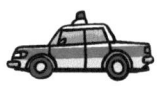

посбон машинаси

poliisiauto

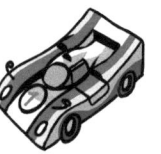

пойга машинаси

kilpa-auto

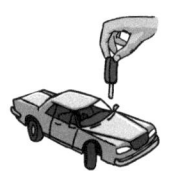

ижарага олинган автоулов

vuokra-auto

автоижара

car sharing

шатакка олувчи юк
автомобили

hinausauto

ахлат машинаси

roska-auto

мотор

moottori

ёқилғи

polttoaine

ёқилғи қуйиш шаҳобчаси

huoltoasema

йўл белгиси

liikennemerkki

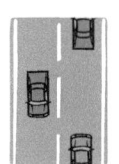

йўл ҳаракати

liikenne

тирбанд

ruuhka

втомобил тўхтаб туриш
жойи

parkkipaikka

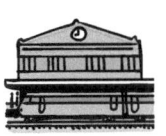

поезд бекати

rautatieasema

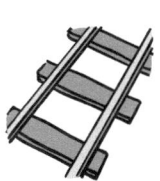

рельс

raiteet

поезд

juna

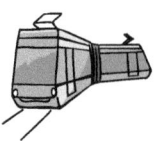

трамвай

raitiovaunu

вагон

vaunu

вертолёт

helikopteri

аэропорт

lentokenttä

минора

lähilennonjohto

йўловчи

matkustaja

контейнер

kontti

қоғоз қути

pahvilaatikko

аравача

kärryt

сават

kori

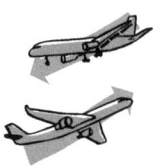

учмоқ / қўнмоқ

nousta / laskea

шаҳар

kaupunki

қишлоқ

kylä

шаҳар маркази

keskusta

уй

talo

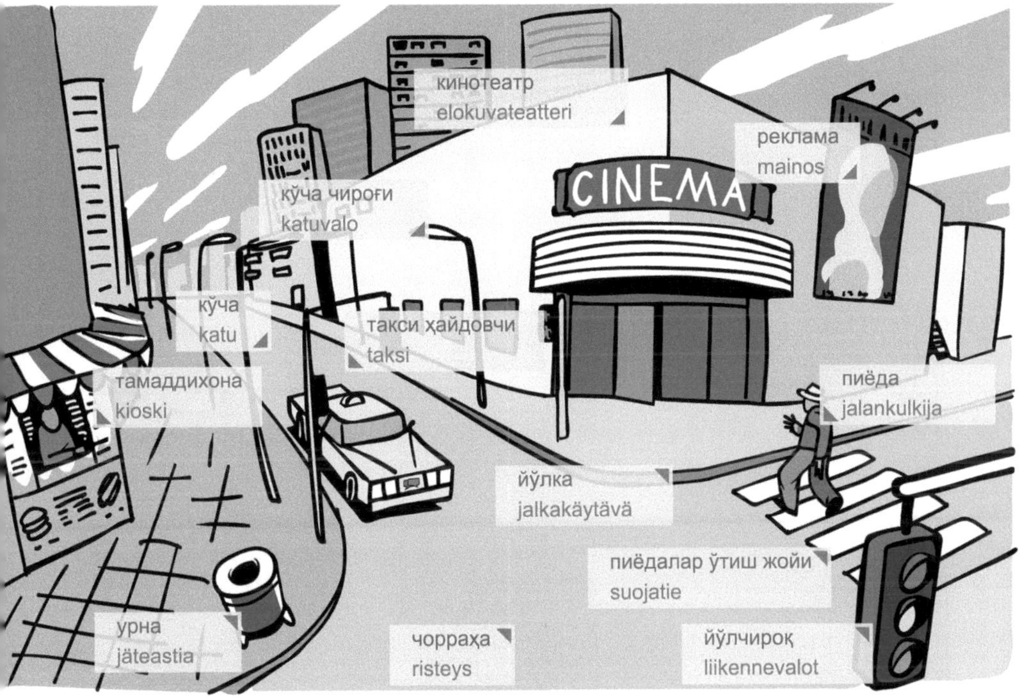

кинотеатр
elokuvateatteri

реклама
mainos

кӯча чироғи
katuvalo

CINEMA

кӯча
katu

такси ҳайдовчи
taksi

тамаддихона
kioski

пиёда
jalankulkija

йӯлка
jalkakäytävä

пиёдалар ӯтиш жойи
suojatie

урна
jäteastia

чорраҳа
risteys

йӯлчироқ
liikennevalot

кулба
mökki

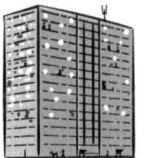

квартира
kerrostalo

поезд бекати
rautatieasema

маҳаллий ҳокимият
биноси
kaupungintalo

музей
museo

мактаб
koulu

олийгоҳ

yliopisto

банк

pankki

шифохона

sairaala

меҳмонхона

hotelli

дорихона

apteekki

идора

toimisto

китоб дўкони

kirjakauppa

дўкон

liike

гул дўкони

kukkakauppa

супермаркет

supermarketti

бозор

tori

универмаг

tavaratalo

балиқ дўкони

kalakauppias

савдо маркази

ostoskeskus

бандаргоҳ

satama

истироҳат боғи

puisto

банк

penkki

кўприк

silta

зинапоя

portaat

метро

metro

ер ости йўли

tunneli

автобус бекати

linja-autopysäkki

бар

baari

ресторан

ravintola

почта қутиси

postilaatikko

кўча ёзув осма тахтаси

katukyltti

тўхтаб туриш вақтини ҳисоблагич

parkkimittari

ҳайвонот боғи

eläintarha

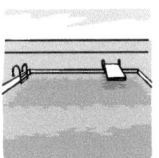

бассейн

uimala

масжид

moskeija

чорвачилик хўжалиги

maatila

атроф-муҳит
ифлосланиши
ympäristön saastuminen

қабристон

hautausmaa

ибодатхона

kirkko

болалар ўйингоҳи

leikkikenttä

эхром

temppeli

манзара
maisema

япроқ
lehti

йўлкўрсатгич
tienviitta

йўл
tie

ўтлоқ
niitty

тош
kivi

пиёда сайёҳ
retkeilijä

дарахт
puu

дарё
joki

майса
ruoho

гул
kukka

водий

laakso

қир

vuori

кўл

järvi

ўрмон

metsä

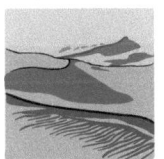

чўл

aavikko

вулкан

tulivuori

қалъа

linna

камалак

sateenkaari

қўзиқорин

sieni

пальма дарахти

palmu

пашша

hyttynen

чивин

kärpänen

чумоли

muurahainen

асалари

mehiläinen

ўргимчак

hämähäkki

қўнғиз

kovakuoriainen

қурбақа

sammakko

олмахон

orava

типратикон

siili

қуён

jänis

укки

pöllö

қуш

lintu

оққуш

joutsen

эркак чўчқа

villisika

буғу

peura

бутоқ шоҳли кийик

hirvi

тўғон

pato

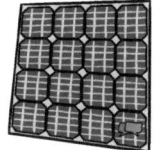

шамол генератори

tuulimylly

қуёш батареяси

aurinkopaneeli

иқлим

ilmasto

ресторан
ravintola

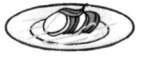

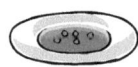

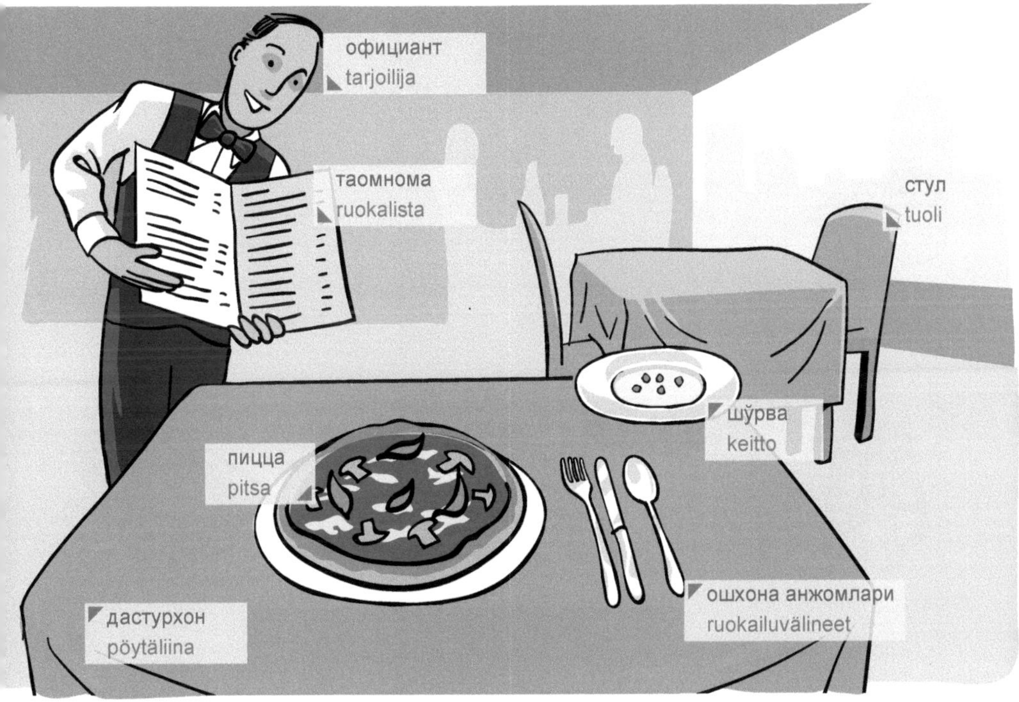

официант
tarjoilija
таомнома
ruokalista
стул
tuoli
шўрва
keitto
пицца
pitsa
ошхона анжомлари
ruokailuvälineet
дастурхон
pöytäliina

газак
alkuruoka

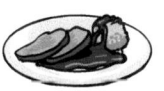

асосий таом
pääruoka

десерт
jälkiruoka

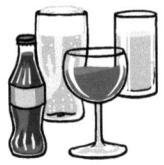

ичимликлар
juomat

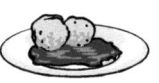

таом
ruoka

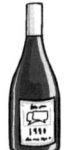

бутилка
pullo

тез пишар таом

pikaruoka

кўча таоми

katuruoka

чойнак

teekannu

шакардон

sokeriastia

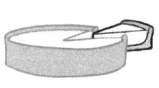

порция

annos

эспрессо кофе машинаси

espressokeitin

болалар курсичаси

syöttötuoli

ҳисоб

lasku

лаган

tarjotin

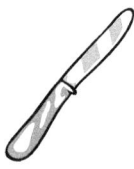

пичоқ

veitsi

санчқи

haarukka

қошиқ

lusikka

чой қошиқ

teelusikka

кўл сочиқ

servietti

стакан

lasi

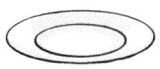

ликоп

lautanen

шӯрва коса

syvä lautanen

тақсимча

aluslautanen

қайла

kastike

туздон

suolasirotin

қалампир янчгич

pippurimylly

сирка

etikka

ёғ

öljy

зираворлар

mausteet

кетчуп

ketsuppi

хантал

sinappi

майонез

majoneesi

супермаркет
supermarketti

чегирма
tarjous
FOR
мижоз
asiakas
сут маҳсулотлари
maitotuotteet
мева
hedelmät
харид араваси
ostoskärryt

BUTCHERS

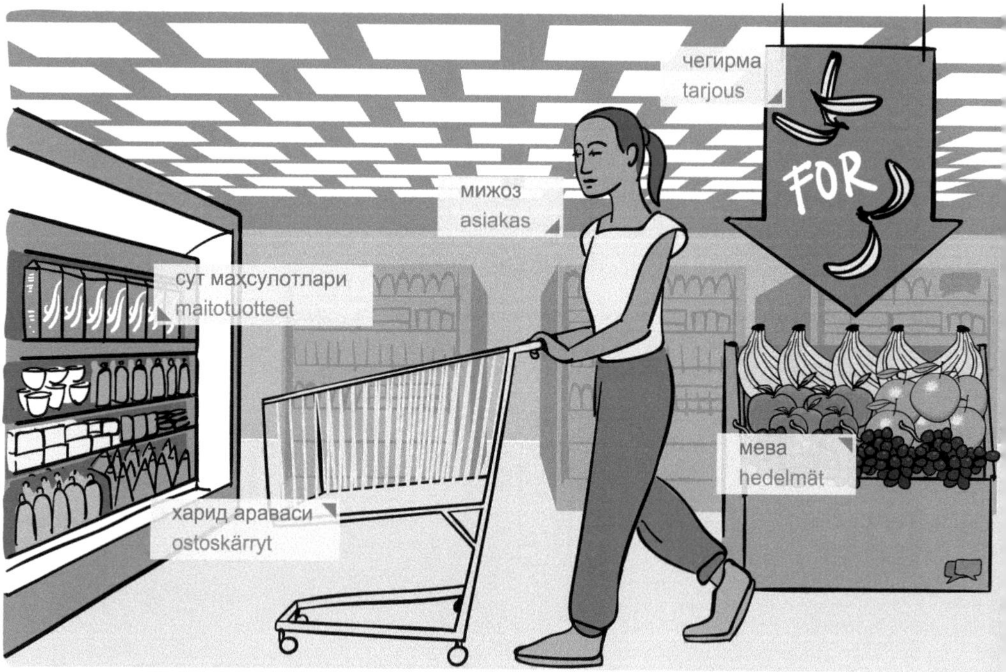

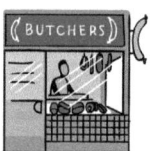

қассобхона

teurastamo

BAKERY

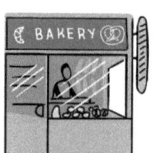

нонвойхона

leipomo

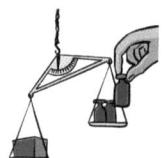

тарозида ўлчамоқ

punnita

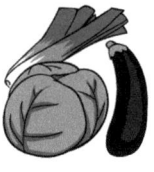

сабзавот

kasvikset

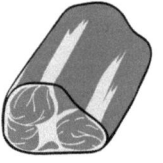

гўшт

liha

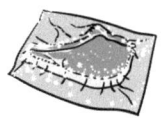

музлатилган таомлар

pakasteet

яхна гӯшт

leikkele

консерва

säilykkeet

кир ювиш воситаси

pesujauhe

ширинликлар

makeiset

кундалик истеъмол моллар

kotitaloustarvikkeet

ювиш воситалари

puhdistusaineet

сотувчи

myyjä

касса аппарати

kassa

ғазначи

kassanhoitaja

харид рӯйхати

ostoslista

иш вақти

aukioloajat

ҳамён

lompakko

омонат карта

luottokortti

халта

kassi

целлофан халта

muovipussi

сув

vesi

шарбат

mehu

сут

maito

кока-кола

kokis

вино

viini

пиво

olut

спиртли ичимлик

alkoholi

какао

kaakao

чой

tee

кофе

kahvi

эспрессо

espresso

капучино

cappuccino

банан

banaani

олмахон

omena

апельсин

appelsiini

қовун

meloni

лимон

sitruuna

сабзи

porkkana

саримсоқ

valkosipuli

бамбук

bambu

пиёз

sipuli

қўзиқорин

sieni

ёнғоқ

pähkinät

лағмон

spagetti

спагетти

spagetti

гуруч

riisi

салат

salaatti

картошка-фри

ranskalaiset

қовурилган картошка

paistetut perunat

пицца

pitsa

гамбургер

hampurilainen

сэндвич

voileipä

тўқмоқланган тўш қиймаси

leike

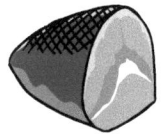

дудланган чўчқа гўшти

kinkku

салями колбасаси

salami

сосиска

makkara

товуқ гўшти

kana

қовурилган

paisti

балиқ

kala

сули бўтқаси

kaurahiutaleet

мюсли

mysli

маккажўхори ёрмаси

murot

ун

jauho

француз булочкаси

voisarvi

булочка

sämpylä

нон

leipä

қизартирилган нон бўлаги

paahtoleipä

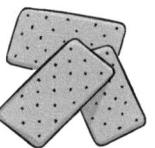

пиширик

keksit

сариёғ

voi

творог

rahka

пирог

kakku

тухум

kananmuna

қовурилган тухум

paistettu kananmuna

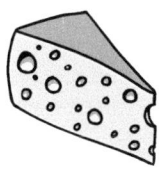

пишлоқ

juusto

музқаймоқ

jäätelö

шакар

sokeri

асал

hunaja

мураббо

hillo

шоколад пастаси

suklaapähkinälevite

зарчава

curry

чорвачилик хўжалиги

maatila

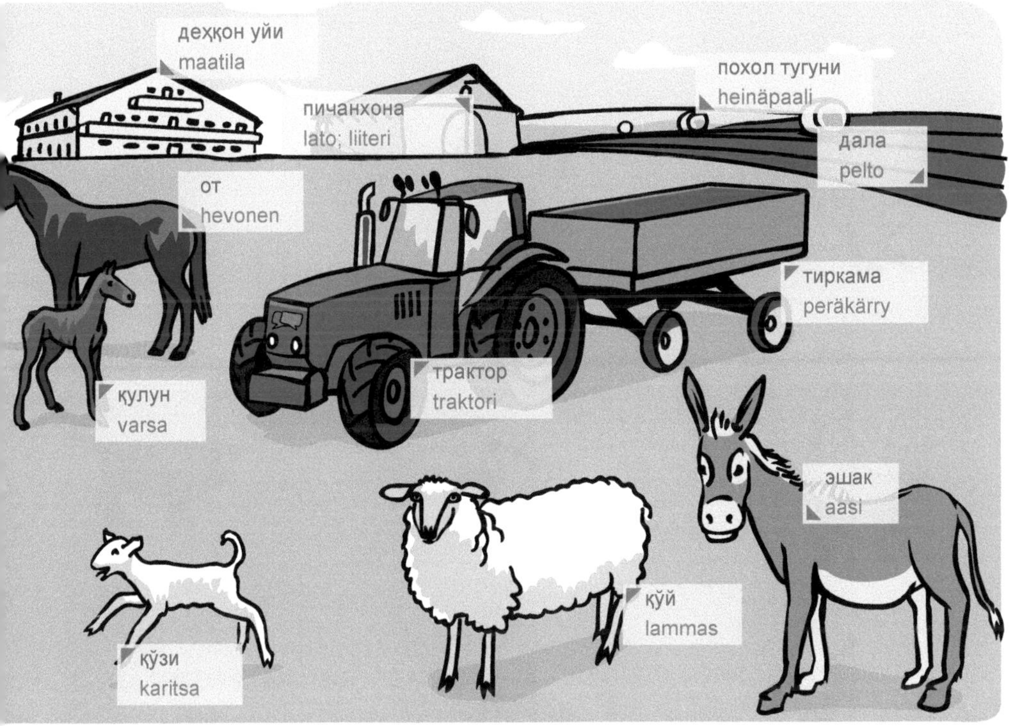

деҳқон уйи
maatila
похол тугуни
heinäpaali
пичанхона
lato; liiteri
дала
pelto
от
hevonen
тиркама
peräkärry
трактор
traktori
қулун
varsa
эшак
aasi
қўй
lammas
қўзи
karitsa

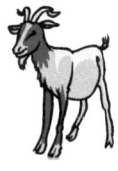

эчки

vuohi

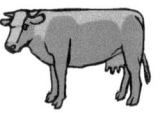

сигир

lehmä

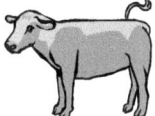

бузоқ

vasikka

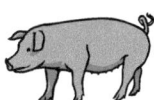

чўчқа

sika

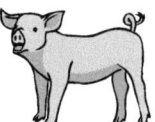

чўчқа боласи

porsas

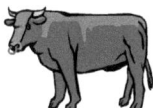

буқа

sonni

ғоз

hanhi

ўрдак

ankka

жўжа

tipu

товуқ

kana

хўроз

kukko

каламуш

rotta

мушук

kissa

сичқон

hiiri

хўкиз

härkä

ит

koira

каталак

koirankoppi

ҳовли боғ шланги

puutarhaletku

гулчелак

kastelukannu

белўроқ

viikate

темир омоч

aura

қўлўроқ

sirppi

чопқи

kuokka

паншаха

talikko

болта

kirves

ғалтакарава

kottikärryt

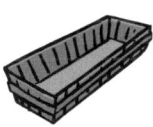

охур

kaukalo

сут бидони

maitokannu

тўрва

säkki

панжара

aita

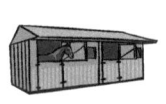

оғилхона

talli

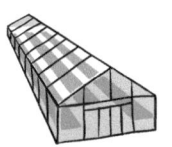

иссиқхона

kasvihuone

тупроқ

maa

уруғ

siemen

ўғит

lannoite

комбайн

leikkuupuimuri

ҳосил олмоқ

kerätä sato

йиғим-терим

sato

ямс

jamssit

буғдой

vehnä

соя

soija

картошка

peruna

маккажўхори

maissi

рапс уруғи

rypsi

мевали дарахт

hedelmäpuu

маниок

maniokki

ёрма

vilja

мӯри
savupiippu

том
katto

тарнов
sadevesikouru

дераза
ikkuna

гараж
autotalli

эшик қўнғироғи
ovikello

эшик
ovi

урна
roska-astia

хатлар учун қути
postilaatikko

боғ
puutarha

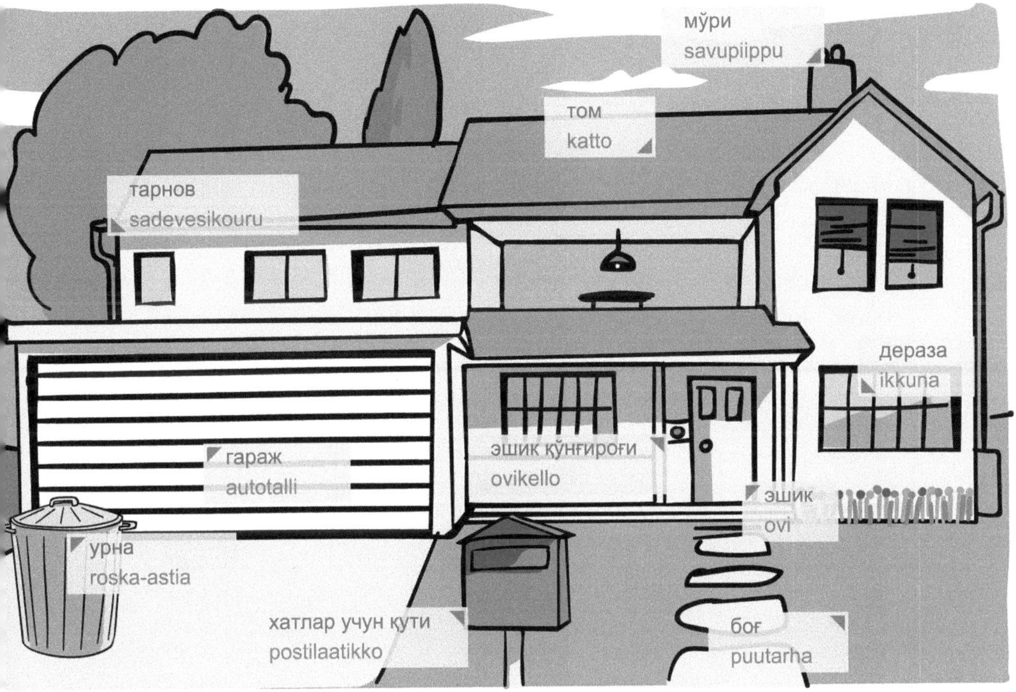

меҳмонхона
olohuone

ваннахона
kylpyhuone

ошхона
keittiö

ётоқхона
makuuhuone

болалар хонаси
lastenhuone

ошхона
ruokahuone

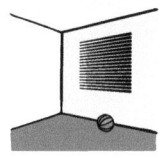

пол

lattia

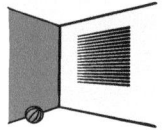

девор

seinä

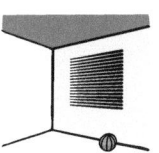

шип

katto

подвал

kellari

сауна

sauna

болохона айвони

parveke

айвон

terassi

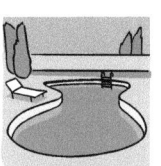

бассейн

uima-allas

ўт ўргич машина

ruohonleikkuri

кўрпажилд

lakana

чойшаб

päiväpeitto

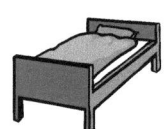

кроват

sänky

супурги

harja

пақир

ämpäri

мурват

katkaisin

меҳмонхона

olohuone

гулқоғоз
tapetti
сурат
kuva
чироқ
lamppu
токча
hylly
жавон
kaappi
телевизор
televisio
ўчоқ
takka
гул
kukka
ёстиқ
tyyny
диван
sohva
гулдон
maljakko
масофадан бошқариш пульти
kaukosäädin

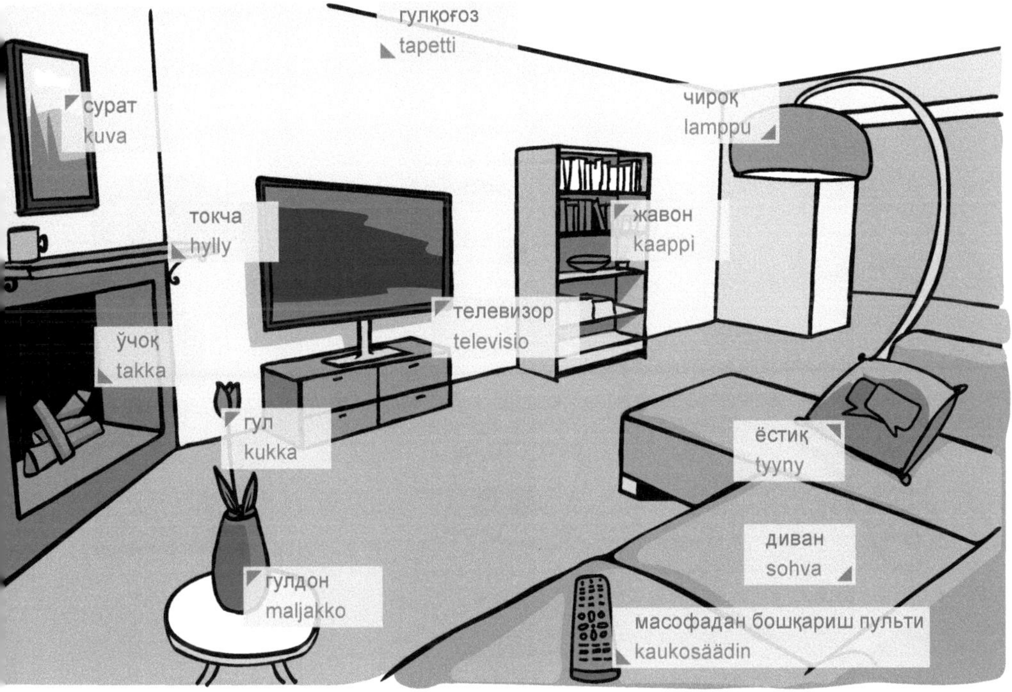

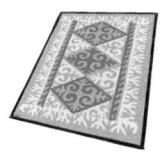

гилам

matto

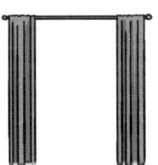

парда

verho

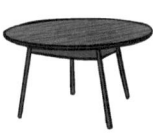

стол

pöytä

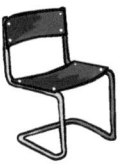

стул

tuoli

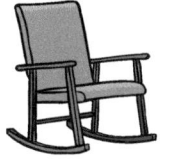

тебранма курси

keinutuoli

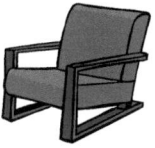

кресло

nojatuoli

китоб

kirja

кӯрпа

peitto

ҳашам

koriste

ӯтин

polttopuut

кино

elokuva

стерео қурилма

stereot

калит

avain

рӯзнома

sanomalehti

расм

maalaus

плакат

juliste

радио

radio

ён дафтар

muistivihko

чанг ютгич

pölynimuri

кактус

kaktus

шам

kynttilä

ошхона
keittiö

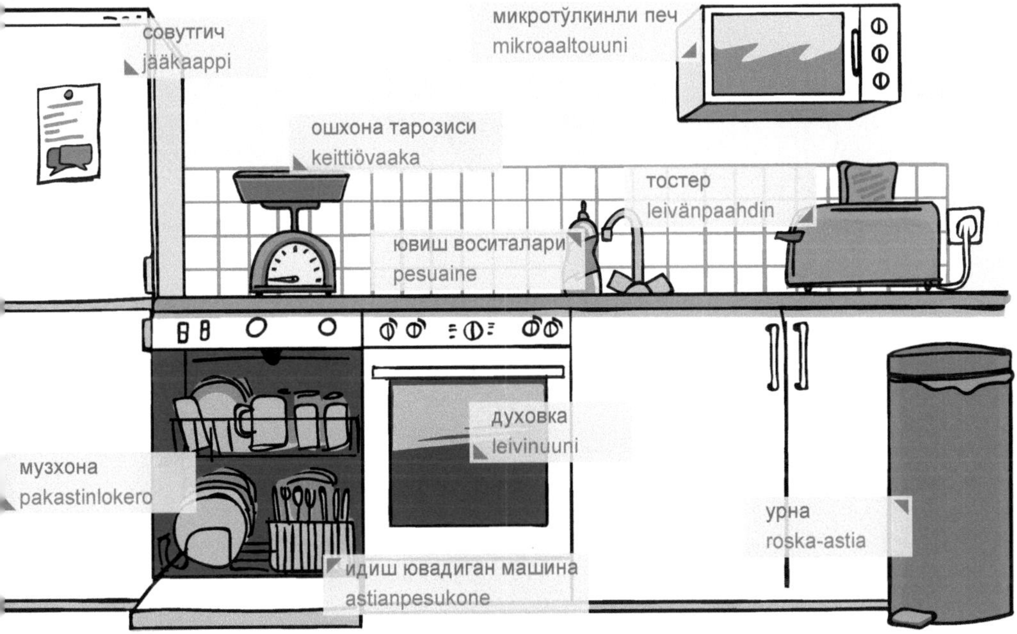
совутгич
jääkaappi
микротўлқинли печ
mikroaaltouuni
ошхона тарозиси
keittiövaaka
тостер
leivänpaahdin
ювиш воситалари
pesuaine
духовка
leivinuuni
музхона
pakastinlokero
урна
roska-astia
идиш ювадиган машина
astianpesukone

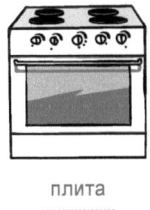

плита
....
liesi

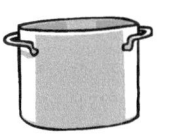

кастрюль
....
kattila

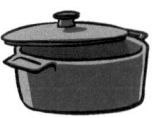

чўян қозон
....
rautapata

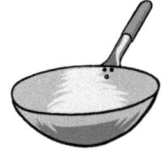

бўртма тубли това
....
vokkipannu / kadai-pannu

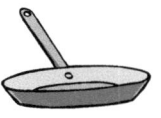

това
....
paistinpannu

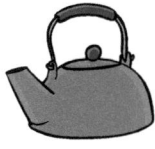

човгун
....
teepannu

мантиқасқон

höyrykeitin

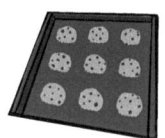

тунука това

uunipelti

идиш

astiat

кружка

muki

коса

kulho

таом ейиш таёқчалари

syömäpuikot

чўмич

kauha

куракча

paistinlasta

кўпиртиргич

vispilä

элак

siivilä

элак

siivilä

қирғич

raastin

ҳовонча

mortteli

гриль

grilli

олов

avotuli

оштахта

leikkuulauta

жува

kaulin

пармасимон тиқин очгич

korkinavaaja

консерва

purkki

консерва очгич

purkinavaaja

тутгич

pannulappu

унитаз

lavuaari

идиш чўтка

tiskiharja

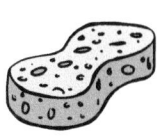

қозонсочиқ

pesusieni

қориштиргич

tehosekoitin

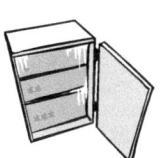

музлатгич

pakastin

сўрғичли чақалоқ
бутилкаси

tuttipullo

кран

vesihana

ваннахона

kylpyhuone

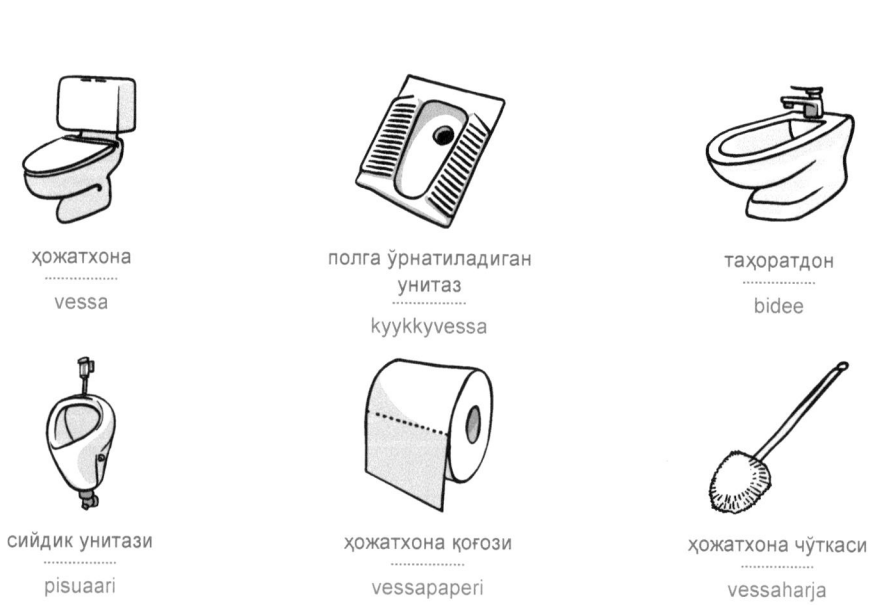

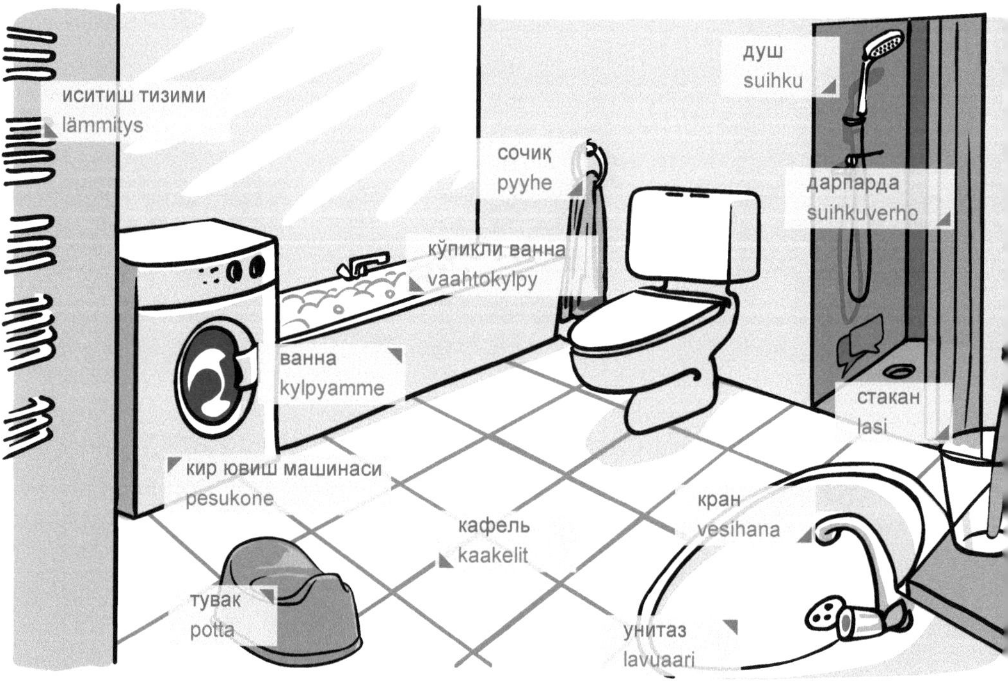
душ
suihku
иситиш тизими
lämmitys
сочиқ
pyyhe
дарпарда
suihkuverho
кўпикли ванна
vaahtokylpy
ванна
kylpyamme
стакан
lasi
кир ювиш машинаси
pesukone
кран
vesihana
кафель
kaakelit
тувак
potta
унитаз
lavuaari

ҳожатхона

vessa

полга ўрнатиладиган унитаз

kyykkyvessa

таҳоратдон

bidee

сийдик унитази

pisuaari

ҳожатхона қоғози

vessapaperi

ҳожатхона чўткаси

vessaharja

тиш чўтка

hammasharja

тиш пастаси

hammastahna

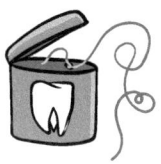

тиш тозалагич ип

hammaslanka

ювмоқ

pestä

дастакли душ

käsisuihku

таҳорат учун душ

intiimisuihku

тоғора

pesuvati

елка қашлайдиган чўтка

selkäharja

совун

saippua

душ учун гель

suihkugeeli

шампунь

shampoo

мочалка

pesulappu

қувур

viemäri

крем

voide

дезодарант

deodorantti

кўзгу
peili

кўл кўзгуси
käsipeili

устара
partaveitsi

устара учун кўпик
partavaahto

салкинлантирувчи
бальзам
partavesi

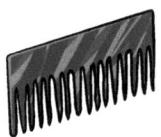

тарок
kampa

чўтка
harja

фен
hiustenkuivaaja

соч учун лак
hiuslakka

пардоз-андоз
meikki

лаб учун помада
huulipuna

тирнок лаки
kynsilakka

пахта
pumpuli

тирнок кайчиси
kynsisakset

духи
hajuvesi

пардоз-андоз халтаси

kosmetiikkalaukku

курси

jakkara

тарози

vaaka

чўмилиш халати

kylpytakki

резина қўлқоп

kumihansikkaat

тампон

tamponi

гигиеник таглик

terveysside

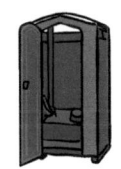

биоҳожатхона

kemiallinen wc

болалар хонаси

lastenhuone

бонг соат
herätyskello
юмшоқ ўйинчоқ
pehmolelu
ўйинчоқ машина
leikkiauto
шақилдоқ
helistin
қўғирчоқ уй
nukkekoti
совға
lahja

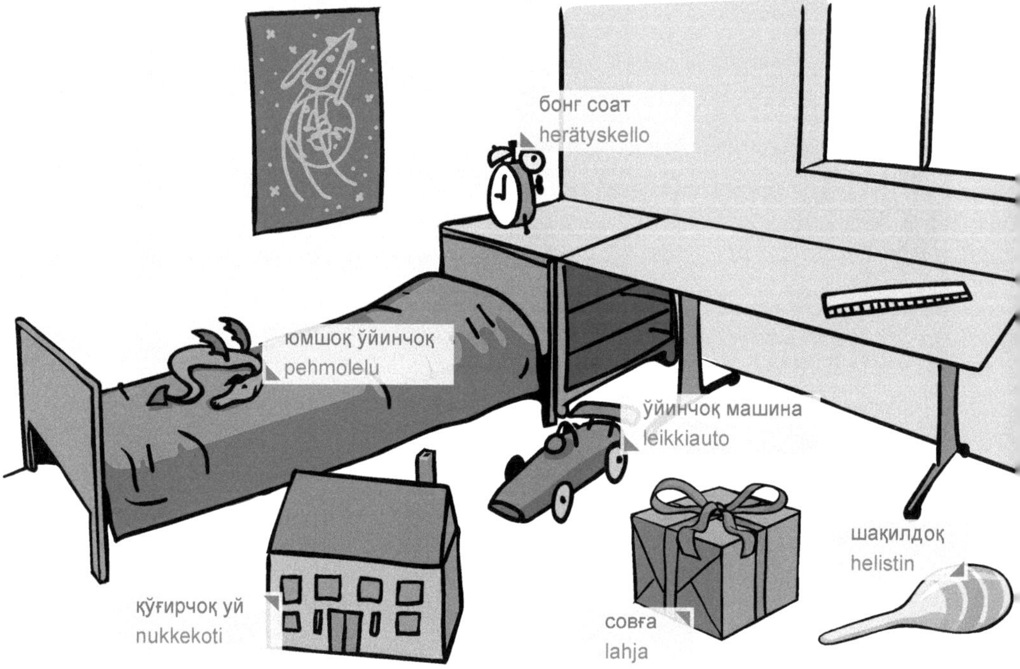

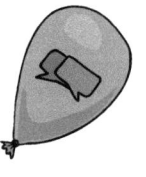

шар

ilmapallo

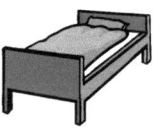

кроват

sänky

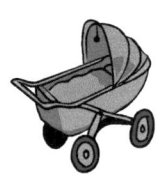

болалар аравачаси

lastenvaunut

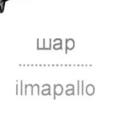

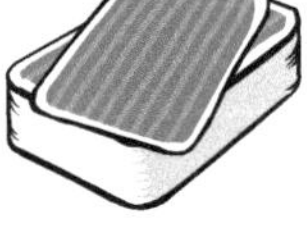

карта тўплами

korttipeli

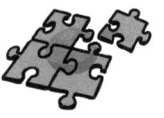

терма тасвир

palapeli

SUPER MEGA

кулгили саҳна асари

sarjakuva

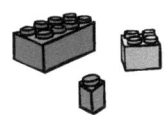

лего ғиштлари

legopalikat

ўйинчоқ кубиклар

rakennuspalikat

ўйинчоқ қаҳрамон

supersankari

ползунка

potkupuku

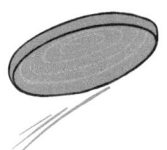

учар ликопча

frisbee

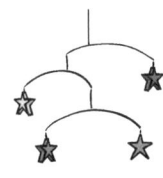

осма шақилдоқ

mobile

стол ўйини

lautapeli

ошиқ

noppa

поезд макети

pienoisjunarata

сўрғич

tutti

ўтириш

juhlat

расмли китоб

kuvakirja

копток

pallo

қўғирчоқ

nukke

ўйнамоқ

leikkiä

қумдон

hiekkalaatikko

арғимчоқ

keinu

ўйинчоқлар

lelut

ўйин приставкаси

pelikonsoli

уч ғилдиракли велосипед

kolmipyörä

бахмал айиқ

nalle

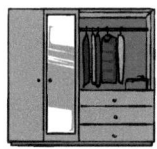

кийим шкафи

vaatekaappi

КИЙИМ

vaatteet

пайпоқ

sukat

чулки

nylonsukat

колготка

sukkahousut

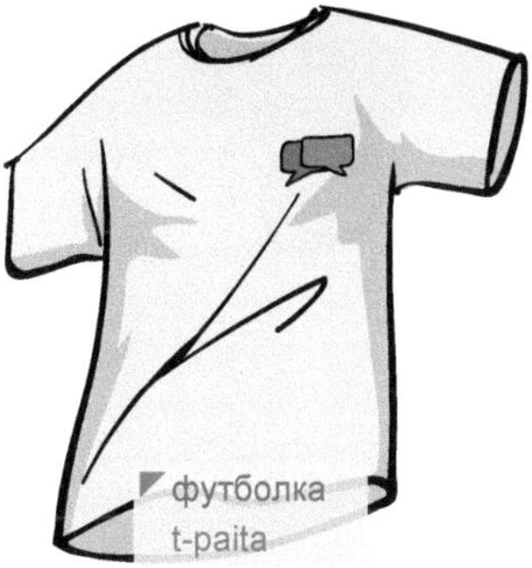

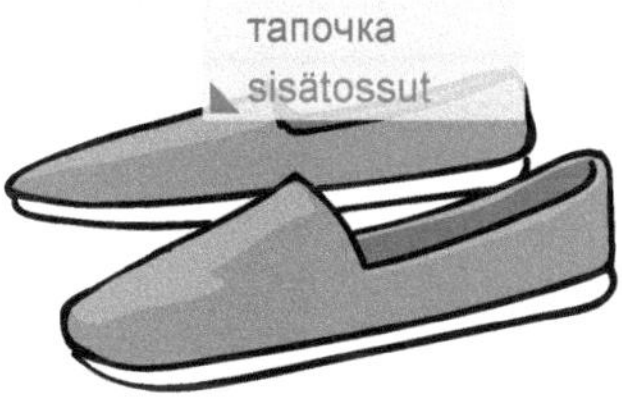

шарф
kaulaliina

камар
vyö

соябон
sateenvarjo

футболка
t-paita

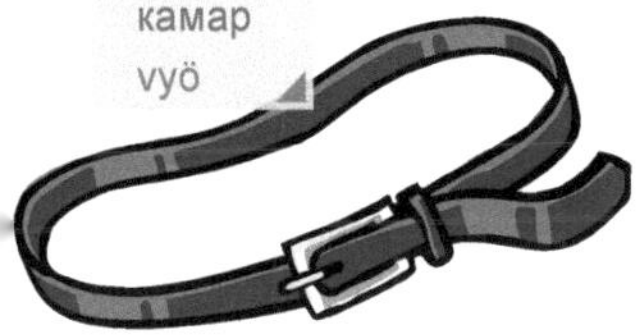

кроссовка
lenkkarit

ботинка
saappaat

тапочка
sisätossut

шиппак
....
sandaalit

туфли
....
kengät

резина этик
....
kumisaappaat

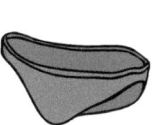

тор турсик
....
alushousut

кӱкракпеч
....
rintaliivit

майка
....
aluspaita

боди

body

иштон

housut

жинси

farkut

юбка

hame

кофта

pusero

кўйлак

paita

жемпер

villapaita

узун чакмон

collegepaita

спорт бичимидаги пиджак

jakku

куртка

takki

пальто

takki

плаш

sadetakki

либос

puku

кўйлак

mekko

келин кўйлак

hääpuku

костюм шим

puku

тунги кўйлак

yöpaita

пижама

pyjama

сари

shari

шолрўмол

päähuivi

салла

turbaani

паранжи

burka

чакмон

kaftaani

абая

abaya

чўмилиш костюми

uimapuku

турсик

uimahousut

шортик

shortsit

спорт костюми

verkkarit

фартук

esiliina

қўлқоп

käsineet

тугма

nappi

кўзойнак

silmälasit

билагузук

rannekoru

мунчоқ

kaulakoru

узук

sormus

сирға

korvakoru

кепка

lippalakki

пальто илгак

ripustin

шляпа

hattu

бўйинбоғ

solmio

замок

vetoketju

дубулға

kypärä

шим тортгич

henkselit

мактаб формаси

koulupuku

форма

univormu

ошхӯрак
ruokalappu

сӯрғич
tutti

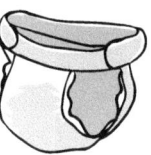

таглик
vaippa

идора
toimisto

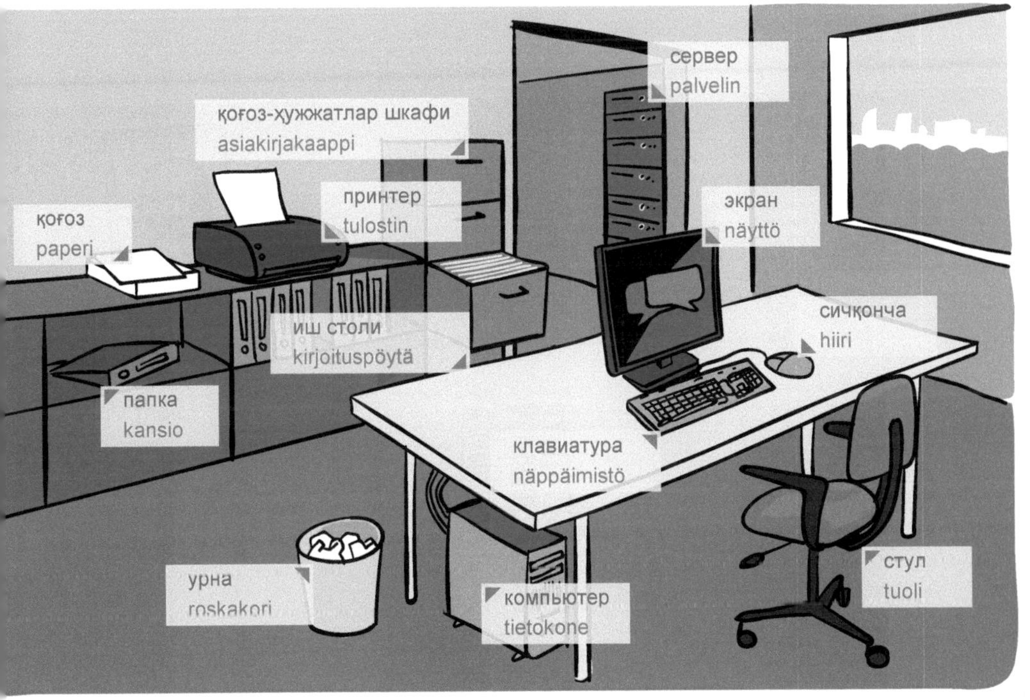

сервер
palvelin

қоғоз-ҳужжатлар шкафи
asiakirjakaappi

принтер
tulostin

экран
näyttö

қоғоз
paperi

сичқонча
hiiri

иш столи
kirjoituspöytä

папка
kansio

клавиатура
näppäimistö

стул
tuoli

урна
roskakori

компьютер
tietokone

кофе кружкаси
kahvimuki

калькулятор
taskulaskin

интернет
internet

ноутбук

kannettava tietokone

хат

kirje

мактуб

viesti

уяли телефон

kännykkä

тармоқ

verkko

нусха кўчиргич

kopiokone

дастур

ohjelmisto

телефон

puhelin

розетка

pistorasia

факс

faksi

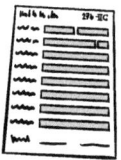

шакллар

lomake

ҳужжат

asiakirja

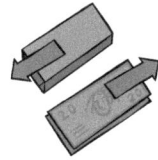

харид қилмоқ

ostaa

тўламоқ

maksaa

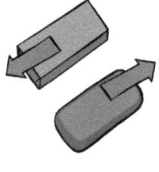

савдолашмоқ

vaihtaa

пул

raha

доллар

dollari

евро

euro

йен

jeni

рубль

rupla

швейцар франки

frangi

Кэньминьби хитой юани

renminbi juan

рупи

rupia

банкомат

pankkiautomaatti

пул айирбошлаш
шаҳобчаси
rahanvaihto

олтин
kulta

кумуш
hopea

нефт
öljy

энергия
energia

нарх
hinta

шартнома
sopimus

солиқ
vero

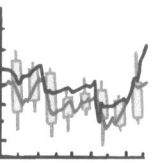

акция
osake

ишламоқ
työskennellä

ишчи
työntekijä

иш берувчи
työnantaja

завод
tehdas

дўкон
liike

иқтисод - talous

касблар
ammatit

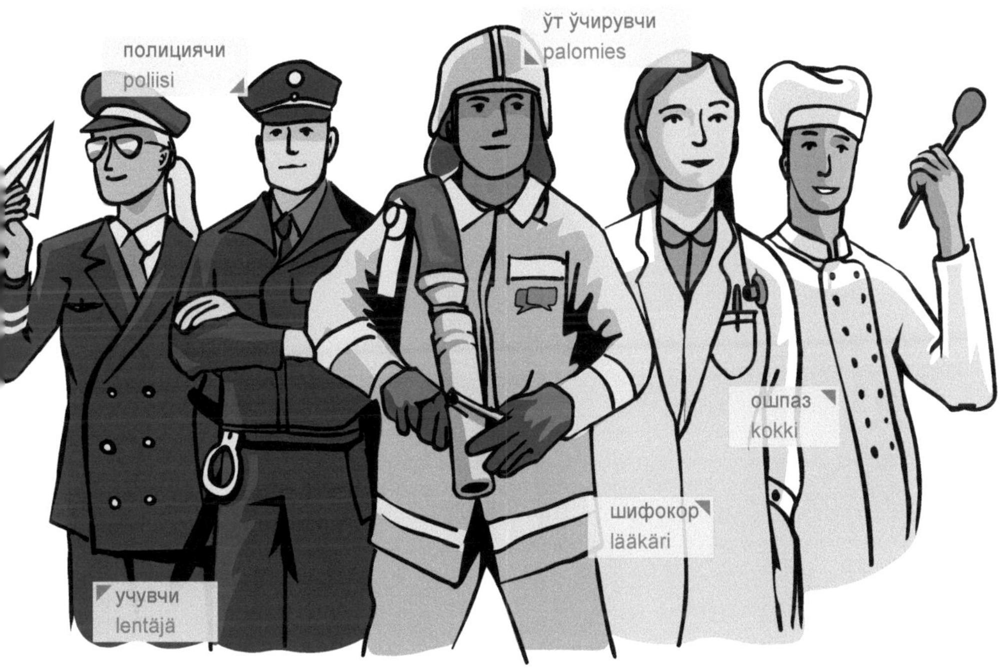
полициячи
poliisi
ўт ўчирувчи
palomies
ошпаз
kokki
шифокор
lääkäri
учувчи
lentäjä

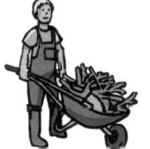

боғбон

puutarhuri

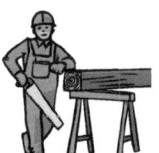

дурадгор

puuseppä

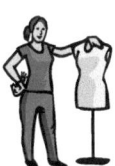

тикувчи

ompelija

ҳакам

tuomari

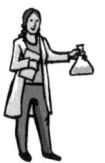

кимёгар

kemisti

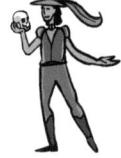

актёр

näyttelijä

автобус ҳайдовчиси

linja-autonkuljettaja

такси ҳайдовчи

taksinkuljettaja

балиқчи

kalastaja

фаррош

siivooja

том устаси

katontekijä

официант

tarjoilija

овчи

metsästäjä

бўёқчи

maalari

нонвой

leipuri

электр устаси

sähköasentaja

қурувчи

rakentaja

муҳандис

insinööri

қассоб

teurastaja

сувчи чилангар

putkiasentaja

почтачи

postinjakaja

аскар
sotilas

меъмор
arkkitehti

ғазначи
kassanhoitaja

гулчи
floristi

сартарош
kampaaja

чиптачи
konduktööri

механик
mekaanikko

капитан
kapteeni

тиш шифокори
hammaslääkäri

олим
tiedemies

яхудийлар руҳонийси
rabbi

имом
imaami

роҳиб
munkki

руҳоний
pappi

асбоблар
työkalut

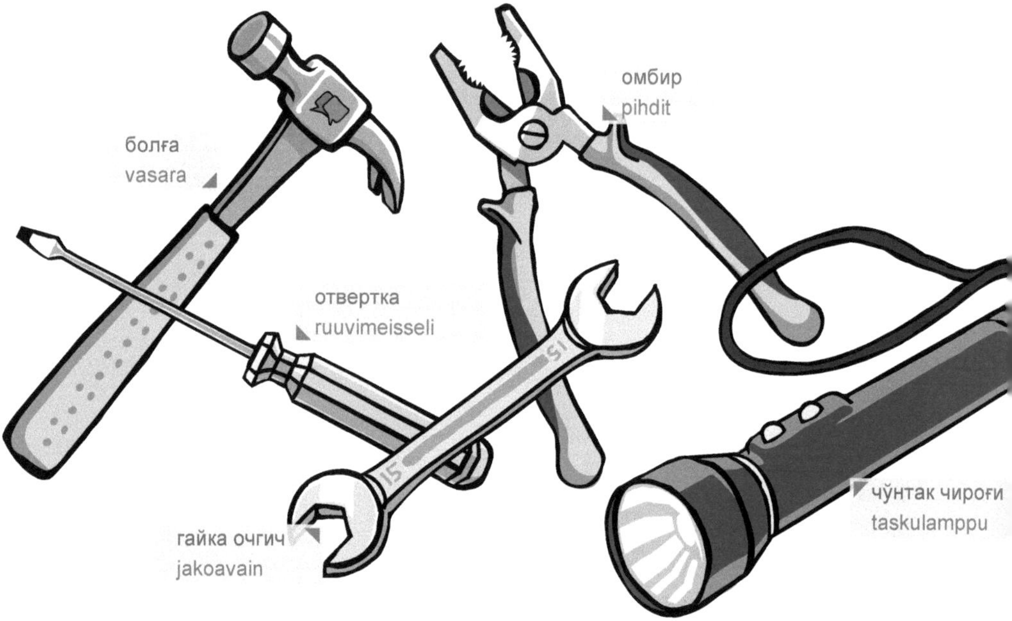
болға
vasara
омбир
pihdit
отвертка
ruuvimeisseli
гайка очгич
jakoavain
чўнтак чироғи
taskulamppu

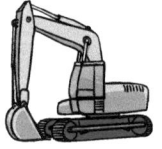

экскаватор

kaivinkone

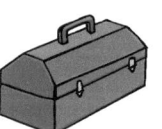

асбоблар қутиси

työkalupakki

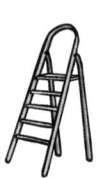

нарвон

tikkaat

қўларра

saha

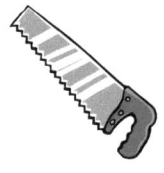

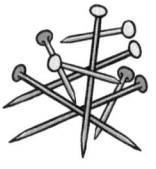

мих

naulat

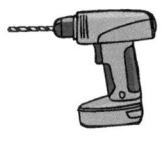

пармадаста

pora

тузатмоқ

korjata

белкурак

lapio

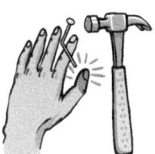

Жин урсин!

Hitto!

хокандоз

rikkalapio

бўёқ идиш

maalipurkki

бурама мих

ruuvit

мусиқа асбоблари
soittimet

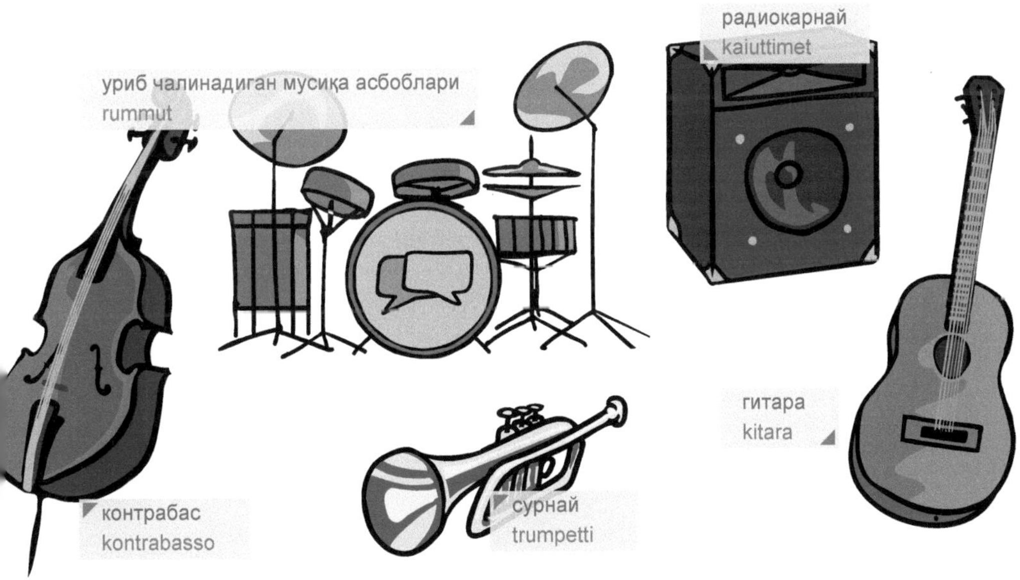

уриб чалинадиган мусиқа асбоблари
rummut

радиокарнай
kaiuttimet

гитара
kitara

контрабас
kontrabasso

сурнай
trumpetti

пианино

piano

ғижжак

viulu

бас-гитара

basso

қўшноғора

patarummut

дўмбира

rumpu

клавиатура

kosketinsoitin

саксофон

saksofoni

най

huilu

микрофон

mikrofoni

ҳайвонот боғи

eläintarha

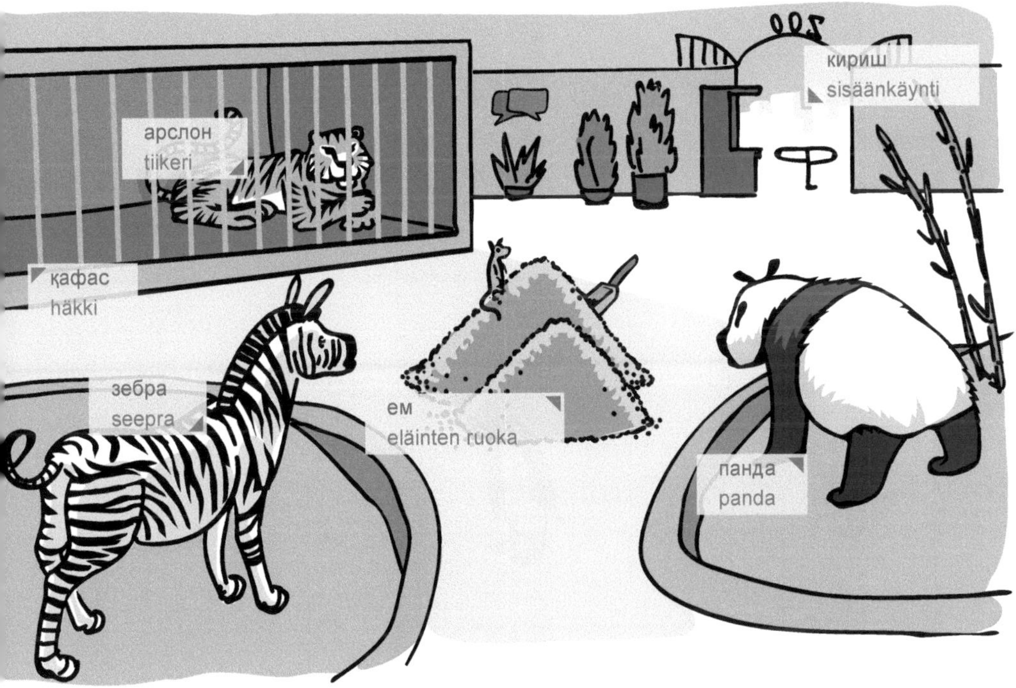

арслон
tiikeri
қафас
häkki
зебра
seepra
ем
eläinten ruoka
панда
panda
кириш
sisäänkäynti

ҳайвонлар

eläimet

фил

norsu

кенгуру

kenguru

каркидон

sarvikuono

горилла

gorilla

айиқ

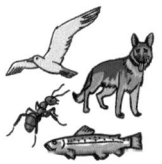

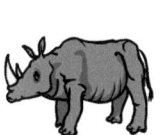

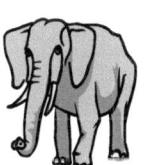

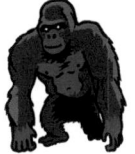

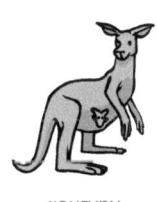

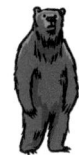

karhu

туя

kameli

туяқуш

strutsi

шер

leijona

маймун

apina

фламинго

flamingo

тӯти

papukaija

оқ айиқ

jääkarhu

пингвин

pingviini

акула

hai

товус

riikinkukko

илон

käärme

тимсоҳ

krokotiili

ҳайвонот боғи қоровули

eläintarhanhoitaja

тюлень

hylje

ягуар

jaguaari

тўпичоқ от

poni

қоплон

leopardi

бегемот

virtahepo

жирафа

kirahvi

бургут

kotka

эркак чўчқа

villisika

балиқ

kala

тошбақа

kilpikonna

морж

mursu

тулки

kettu

оху

gaselli

америка футболи
amerikkalainen jalkapallo

велосипед ҳайдаш
pyöräily

теннис
tennis

баскетбол
koripallo

сузиш
uinti

бокс
nyrkkeily

муз хоккейи
jääkiekko

футбол
jalkapallo

бадминтон
sulkapallo

енгил атлетика
yleisurheilu

қўлтўпи
käsipallo

чанғи учиш
hiihto

поло
poolo

кулмоқ
nauraa

сакрамоқ
hypätä

қучмоқ
halata

қуйламоқ
laulaa

юрмоқ
kävellä

ҳаёл қилмоқ
unelmoida

ибодат қилмоқ
rukoilla

ўпмоқ
suudella

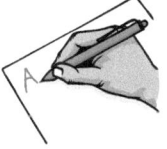

ёзмоқ

kirjoittaa

чизмоқ

piirtää

кўрсатмоқ

näyttää

итармоқ

painaa

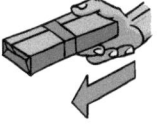

бермоқ

antaa

олмоқ

ottaa

эга бўлмоқ

omistaa

бажармоқ

tehdä

бўлмоқ

olla

турмоқ

seisoa

югурмоқ

juosta

тортмоқ

vetää

улоқтирмоқ

heittää

йиқилмоқ

kaatua

алдамоқ

maata

кутмоқ

odottaa

ташимоқ

kantaa

ўтирмоқ

istua

кийинмоқ

pukeutua

ухламоқ

nukkua

уйғонмоқ

herätä

қарамоқ
....
katsoa

йиғламоқ
....
itkeä

зарба бермоқ
....
silittää

тарамоқ
....
kammata

гаплашмоқ
....
puhua

тушунмоқ
....
ymmärtää

сўрамоқ
....
kysyä

тингламоқ
....
kuunnella

ичмоқ
....
juoda

емоқ
....
syödä

йиғиштирмоқ
....
siivota

севмоқ
....
rakastaa

пиширмоқ
....
keittää

ҳайдамоқ
....
ajaa

учмоқ
....
lentää

кемада сузмоқ

purjehtia

ҳисобламоқ

laskea

ўқимоқ

lukea

ўрганмоқ

oppia

ишламоқ

työskennellä

турмуш қурмоқ

mennä naimisiin

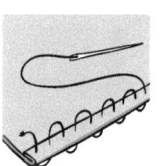

тикмоқ

ommella

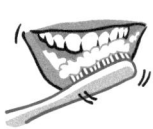

тиш ювмоқ

pestä hampaat

ўлдирмоқ

tappaa

чекмоқ

tupakoida

йўлламоқ

lähettää

оила
perhe

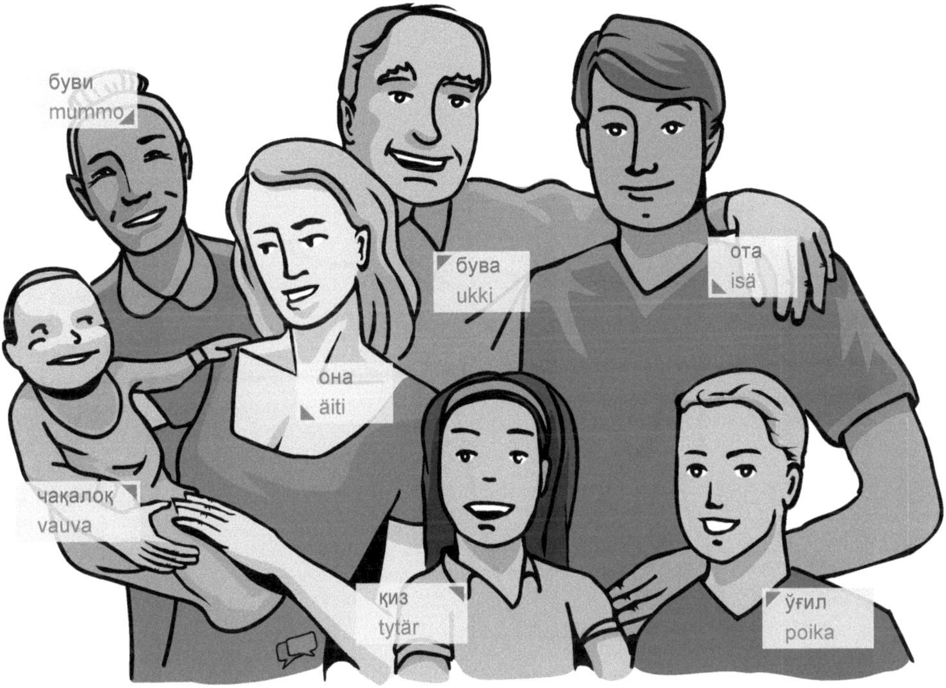

буви
mummo
бува
ukki
ота
isä
она
äiti
чақалоқ
vauva
қиз
tytär
ўғил
poika

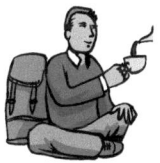

меҳмон

vieras

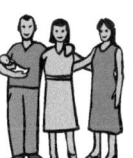

амма

täti

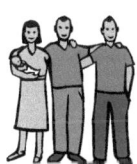

тоға

setä

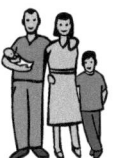

ака

veli

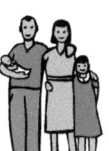

опа

sisko

тана

vartalo

пешона
otsa
кўз
silmä
юз
kasvot
ияк
leuka
кўкрак
rinta
бармоқ
sormet
қўл панжалари
käsi
қўл
käsivarsi
елка
olkapää
оёқ
jalka

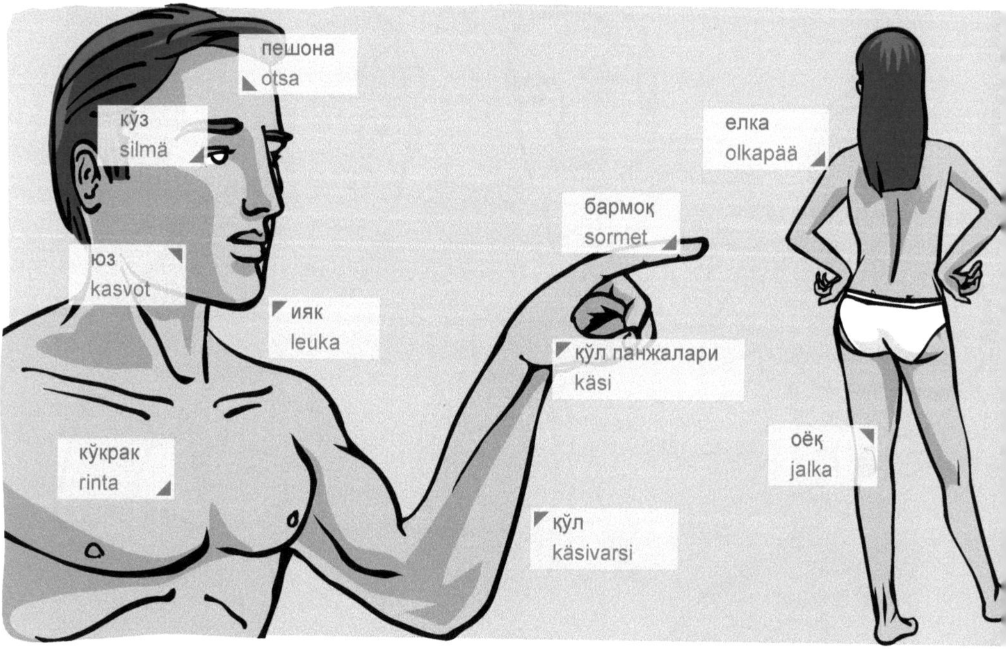

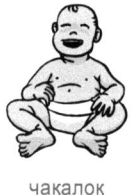

чақалоқ

vauva

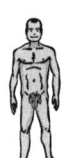

одам

mies

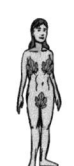

аёл

nainen

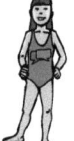

қиз бола

tyttö

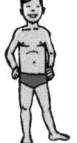

ўғил бола

poika

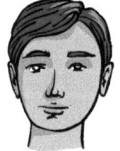

бош

pää

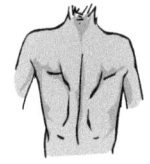

орқа
selkä

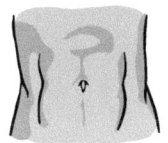

қорин
maha

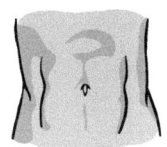

киндик
napa

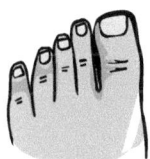

оёқ панжаси
varvas

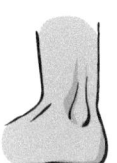

товон
kantapää

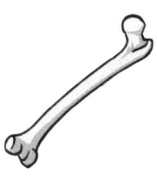

суяк
luu

бел
lantio

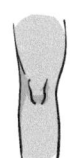

тизза
polvi

тирсак
kyynärpää

бурун
nenä

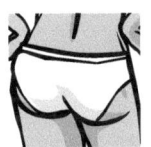

думба
takapuoli

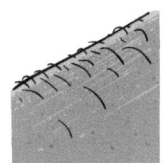

тери
iho

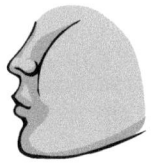

яноқ
poski

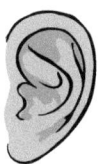

қулоқ
korva

лаб
huuli

оғиз

suu

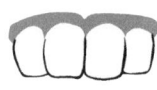

тиш

hammas

тил

kieli

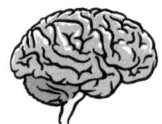

мия

aivot

юрак

sydän

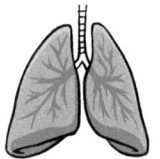

мушак

lihas

ўпка

keuhkot

жигар

maksa

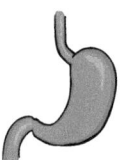

ошқозон

vatsa

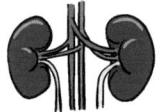

буйрак

munuaiset

жинсий алоқа

seksi

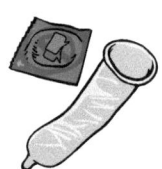

презерватив

kondomi

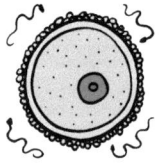

тухум ҳўжайра

munasolu

уруғ

sperma

ҳомиладорлик

raskaus

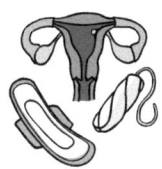

ҳайз

kuukautiset

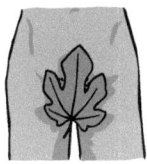

бачадон

vagina

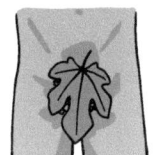

олат

penis

қош

kulmakarvat

соч

hiukset

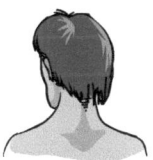

бўйин

niska

шифохона
sairaala

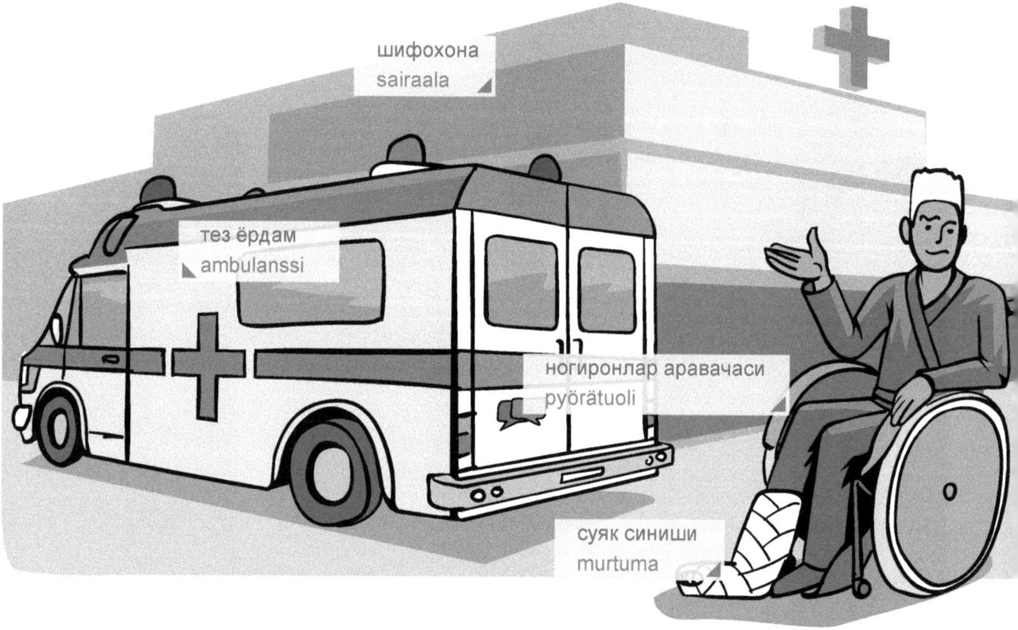

шифохона
sairaala
тез ёрдам
ambulanssi
ногиронлар аравачаси
pyörätuoli
суяк синиши
murtuma

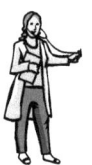

шифокор

lääkäri

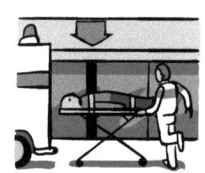

Шошилинч тиббий ёрдам кўрсатиш бўлими

ensiapu

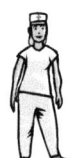

ҳамшира

sairaanhoitaja

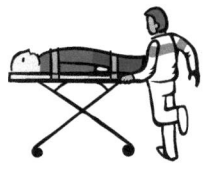

тез ёрдам

hätätilanne

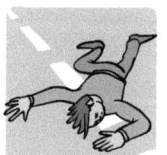

ҳушсизлик

tajuton

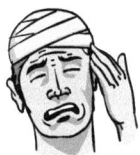

оғриқ

kipu

жароҳат

vamma

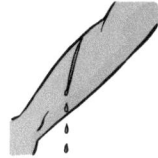

қонаш

verenvuoto

юрак хуружи

sydänkohtaus

инсульт

aivoinfarkti

аллергия

allergia

йўтал

yskä

иситма

kuume

тумов

flunssa

ич кетиш

ripuli

бош оғриғи

päänsärky

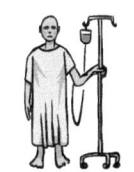

саратон касали

syöpä

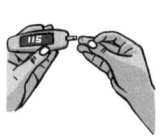

қандли диабет

diabetes

жарроҳ

kirurgi

жарроҳ пичоғи

veitsi

жарроҳлик амалиёти

leikkaus

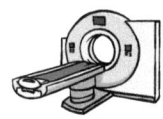

томография

ct

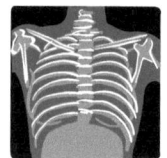

рентген

röntgen

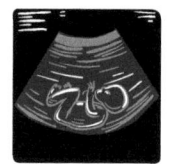

ултратовуш текшируви

ultraääni

юз ниқоби

maski

касаллик

sairaus

қабулхона

odotushuone

қўлтиқтаёқ

sauva

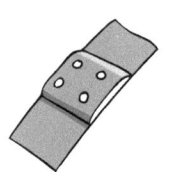

малҳамли пластир

laastari

бинт

side

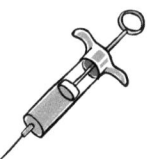

укол

pistos

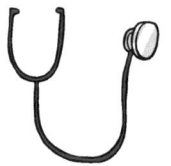

юрак урушини ва ўпкани
эшитиб кўрадиган асбоб

stetoskooppi

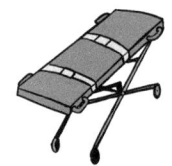

беморлар учун замбил

paarit

термометр

kuumemittari

туғруқ

syntymä

семизлик

ylipaino

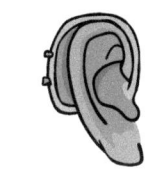

эшитиш мосламаси

kuulolaite

дезинфекцияловчи восита

desinfiointiaine

инфекция

infektio

вирус

virus

ОИВ / ОИТС

HIV / AIDS

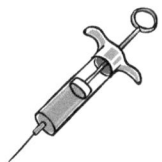

дори

lääke

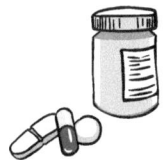

эмлаш

rokotus

таблетка

tabletit

дори

pilleri

тез ёрдам қўнғироғи

hätäpuhelu

қон босимини ўлчаш
асбоби

verenpainemittari

касал / соғлом

sairas / terve

Ёрдам беринглар!

Apua!

хавф-хатар ишораси

hälytys

тажовуз

ryöstö

ҳужум

hyökkäys

хавф

vaara

фавқулодда ҳолатларда
чиқиш эшиги

hätäuloskäynti

Ёнғин!

Tulipalo!

ўт ўчиргич

palosammutin

фалокат

onnettomuus

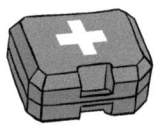

биринчи тиббий ёрдам
тўплами

ensiapulaukku

фалокат сигнали

SOS

полиция

poliisilaitos

Европа

Eurooppa

Шимолий Америка

Pohjois-Amerikka

Жанубий Америка

Etelä-Amerikka

Африка

Afrikka

Осиё

Aasia

Австралия

Australia

Атлантик океани

Atlantin valtameri

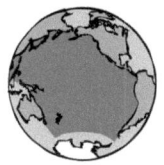

Тинч океани

Tyynimeri

Ҳинд океани

Intian valtameri

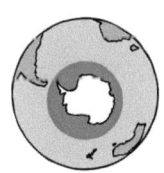

Антарктида океани

Eteläinen jäämeri

Арктика океани

Pohjoinen jäämeri

Шимолий қутб

pohjoisnapa

Жанубий қутб

etelänapa

Антарктика

Antarktis

Ер

maa

ўлка

maa

денгиз

meri

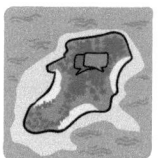

орол

saari

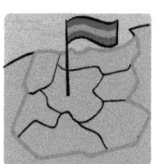

миллат

kansa

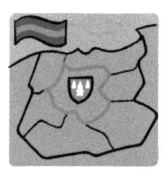

давлат

osavaltio

астрономик вақт
кўрсатгичи
....
kellotaulu

соат мили
....
tuntiviisari

дақиқа мили
....
minuuttiviisari

сония мили
....
sekuntiviisari

Соат неча?
....
Paljonko kello on?

кун
....
päivä

вақт
....
aika

ҳозир
....
nyt

рақамли соат
....
digitaalikello

дақиқа
....
minuutti

соат
....
tunti

Душанба
maanantai

Чоршанба
keskiviikko

Жума
perjantai

Шанба
lauantai

Сешанба
tiistai

Пайшанба
torstai

Якшанба
sunnuntai

кеча
eilen

бугун
tänään

эртага
huomenna

эрталаб
aamu

пешин
keskipäivä

кечкурун
ilta

иш кунлари
työpäivät

дам олиш кунлари
viikonloppu

йил

vuosi

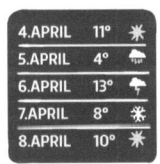

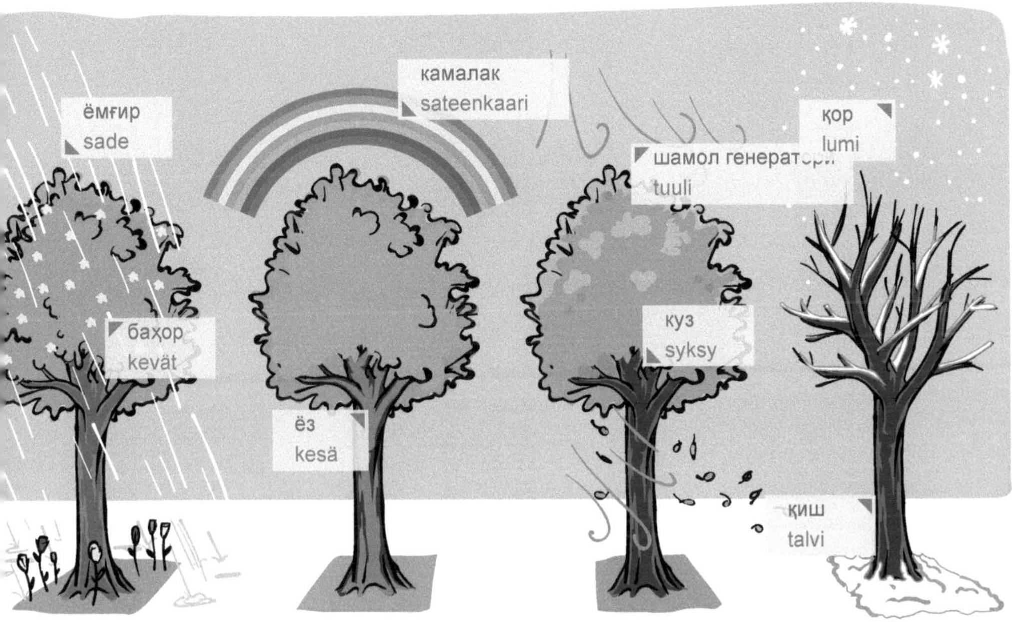
ёмғир
sade
камалак
sateenkaari
шамол генерат
tuuli
қор
lumi
баҳор
kevät
ёз
kesä
куз
syksy
қиш
talvi

4.APRIL 11°
5.APRIL 4°
6.APRIL 13°
7.APRIL 8°
8.APRIL 10°

об-ҳаво маълумоти

sääennuste

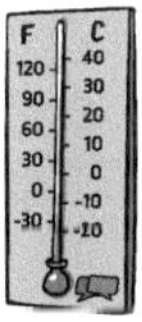
F C

термометр

lämpömittari

қуёшли

auringonpaiste

булут

pilvi

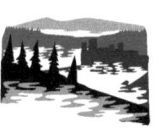

туман

sumu

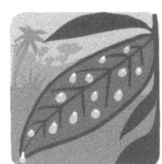

намгарчилик

ilmankosteus

чақмоқ

salama

момоқалдироқ

ukkonen

бўрон

myrsky

дўл

rae

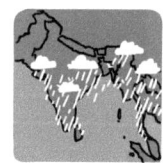

намгарчилик мавсуми

monsuuni

тошқин

tulva

муз

jää

Январь

tammikuu

Февраль

helmikuu

Март

maaliskuu

Апрель

huhtikuu

Май

toukokuu

Июнь

kesäkuu

Июль

heinäkuu

Август

elokuu

Сентябрь

syyskuu

Октябрь

lokakuu

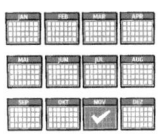

Ноябрь

marraskuu

Декабрь

joulukuu

шакллар
muodot

айлана

ympyrä

квадрат

neliö

тўртбурчак

suorakulmio

учбурчак

kolmio

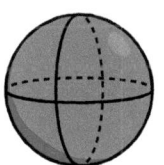

доира

pallo

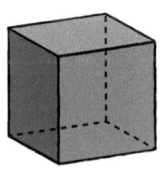

куб

kuutio

оқ

valkoinen

сариқ

keltainen

сабзи ранг

oranssi

пушти

vaaleanpunainen

қизил

punainen

тўқ қизил

violetti

кўк

sininen

яшил

vihreä

жигар ранг

ruskea

кул ранг

harmaa

қора

musta

кўп / оз

paljon / vähän

ғазабли / хотиржам

vihainen / ystävällinen

гўзал / хунук

kaunis / ruma

боши / охири

alku / loppu

катта / кичик

suuri / pieni

ёруғ / қоронғу

vaalea / tumma

ака / сингил

veli / sisko

тоза / ифлос

puhdas / likainen

тўлиқ / чала

täydellinen / epätäydellinen

кун / тун

päivä / yö

ўлик / тирик

kuollut / elävä

кенг / тор

leveä / kapea

еса бўладиган / еса
бўлмайдиган
··············
syötävä / syömäkelvoton

ёвуз / хайрли
··············
paha / kiltti

ҳаяжонли / зерикарли
··············
innostunut / tylsistynyt

семиз / озғин
··············
lihava / laiha

биринчи / охирги
··············
ensimmäinen / viimeinen

дўст / душман
··············
ystävä / vihollinen

тўла / бўш
··············
täysi / tyhjä

қаттиқ / юмшоқ
··············
kova / pehmeä

оғир / енгил
··············
painava / kevyt

очлик / чанқов
··············
nälkä / jano

касал / соғлом
··············
sairas / terve

ноқонуний / қонуний
··············
laiton / laillinen

зиёли / калтафаҳм
··············
älykäs / tyhmä

чап / ўнг
··············
vasen / oikea

яқин / узоқ
··············
lähellä / kaukana

янги / ишлатилган

uusi / käytetty

ҳеч нарса / бир нарса

ei mitään / jotain

қари / ёш

vanha / nuori

ёниқ / ўчиқ

päällä / pois päältä

очиқ / ёпиқ

auki / kiinni

паст / баланд

hiljainen / äänekäs

бой / камбағал

rikas / köyhä

тўғри / нотўғри

oikein / väärin

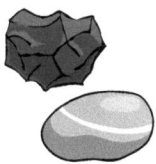

нотекис / текис

karhea / sileä

хафа / хурсанд

surullinen / iloinen

қисқа / узун

lyhyt / pitkä

секин / тез

hidas / nopea

нам / қуруқ

märkä / kuiva

илиқ / салқин

lämmin / viileä

уруш / тинчлик

sota / rauha

0	**1**	**2**
ноль	бир	икки
nolla	yksi	kaksi

3	**4**	**5**
уч	тўрт	беш
kolme	neljä	viisi

6	**7**	**8**
олти	етти	саккиз
kuusi	seitsemän	kahdeksan

9	**10**	**11**
тўққиз	ўн	ўн бир
yhdeksän	kymmenen	yksitoista

12

ўн икки

kaksitoista

13

ўн уч

kolmetoista

14

ўн тўрт

neljätoista

15

ўн беш

viisitoista

16

ўн олти

kuusitoista

17

ўн етти

seitsemäntoista

18

ўн саккиз

kahdeksantoista

19

ўн тўққиз

yhdeksäntoista

20

йигирма

kaksikymmentä

100

юз

sata

1.000

минг

tuhat

1.000.000

миллион

miljoona

Инглиз
englanti

Америкача инглиз тили
amerikanenglanti

Хитой тилининг Мандарин лаҳчаси
mandariinikiina

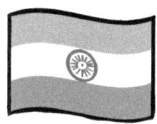

Ҳинд
hindi

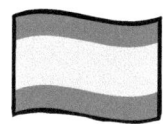

Испан
espanja

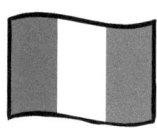

Француз
ranska

Араб
arabia

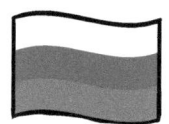

Рус
venäjä

Португал
portugali

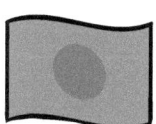

Бенгал
bengali

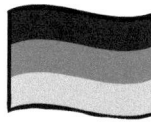

Немис
saksa

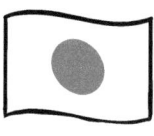

Япон
japani

Мен

minä

Сен

sinä

у / у / у

hän

биз

me

сизлар

te

улар

he

ким?

kuka?

нима?

mitä / mikä?

қандай?

miten?

қаерда?

missä?

қачон?

milloin?

исм

nimi

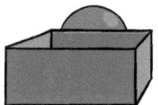

орқада

takana

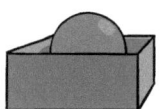

ичида

sisällä

олдида

edessä

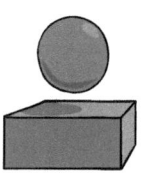

узра

yläpuolella

устида

päällä

тагида

alapuolella

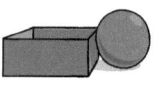

ёнида

vieressä

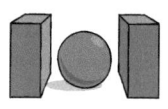

ўртасида

välissä

жой

paikka